# COLLECTION

DE

## M. A. MARQUET DE VASSELOT

# DESSINS

ANCIENS ET MODERNES

Des Écoles Française, Italienne, Espagnole, Flamande
Hollandaise et Allemande

PROVENANT DES COLLECTIONS

Andréossy, Calendo, Crouzet, Desperet, Denon, Destailleur
Lagoy, Gouan, Gallichon, Guichardot, J. Gigoux, Mariette, Triquetti
Flury-Hérard, Richardson, Spenser, etc

LIVRES D'ART

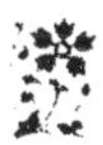

PARIS — 1891

IMPRIMERIE MAULDE ET RENOU

A. MAULDE & C^{ie}

IMPRIMEURS DE LA COMPAGNIE DES COMMISSAIRES-PRISEURS

*Rue de Rivoli, [illegible] — Paris*

# CATALOGUE

DES

# DESSINS

## ANCIENS ET MODERNES

**Des Écoles Française, Italienne, Espagnole, Flamande Hollandaise et Allemande**

FORMANT LA COLLECTION

## De M. A. MARQUET DE VASSELOT

ET PROVENANT DES COLLECTIONS

**Andréossy, Calendo, Crouzet, Desperet, Denon, Destailleur Lagoy, Gouan, Gallichon, Guichardot, J. Gigoux, Mariette, Triquetti Flury-Hérard, Richardson, Spenser, etc.**

TRÈS BELLE ESTAMPE DE POLLAIUOLO

LIVRES D'ART

DONT LA VENTE AURA LIEU

## HOTEL DROUOT — SALLE N° 4

**Les Jeudi 28 et Vendredi 29 Mai 1891**

A DEUX HEURES

Par le ministère de **M[e] G. DUCHESNE**, Commissaire-Priseur
Successeur de Me Escribe, rue de Hanovre, 6

ASSISTÉ :

*Pour les Dessins :*
**M. S. MAYER**
rue Laffitte, 5

*Pour les Livres :*
**M. J. FONTAINE**
boulevard Haussmann, 30

EXPOSITION PUBLIQUE

*Le Mercredi 27 Mai 1891, de 1 heure 1/2 à 5 heures 1/2*

PARIS — 1891

## CONDITIONS DE LA VENTE

---

Elle aura lieu au comptant.

Les Acquéreurs paieront, en sus des adjudications, CINQ CENTIMES PAR FRANC, applicables aux frais.

Aucune réclamation ne sera admise une fois l'adjudication prononcée.

**Le présent Catalogue a été rédigé sur les notes fournies par le propriétaire de la Collection.**

**NOTA. — Les Livres seront vendus le 28 mai au commencement de la vacation.**

---

A. MAULDE et Cie, imprimeurs de la Compagnie des Commissaires-Priseurs, rue de Rivoli, 144 800—15178

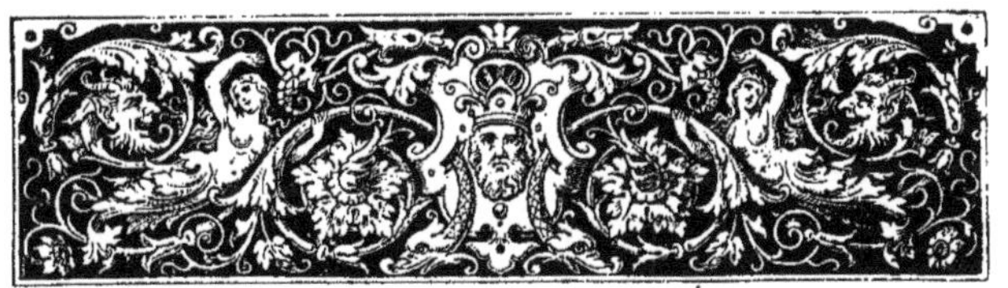

# DÉSIGNATION

## DESSINS

### ANONYMES

1 — Combattants.

Plume.

2 — Tête, par Palma.

Crayon noir et rouge.

3 — Etude d'Homme et de Femme.

Deux dessins.
Plume.

4 — Guerriers.

Plume.

5 — L'Amour dormant.

Crayon noir et sépia.

## ANONYMES

6 — Anges.

Bistre.

7 — Anges.

Sanguine.

8 — Guerriers.

Dessin à la plume.

9 — Tête d'Homme, par Palma.

Sanguine.

10 — Tête d'Homme.

Crayon noir.

11 — Martyr de Saint Laurent.

Crayon et plume.

12 — Tête de Femme.

Crayon noir.

13 — Salomé.

Dessin double au crayon.

14 — Guerrier romain.

Crayon noir rehaussé de blanc.

15 — Sainte Famille.

Crayon noir et rouge.

16 — Enfant.

Dessin sanguine.

17 — Guerriers grecs.

Deux dessins noir et blanc.

## ANONYMES

18 — La Rixe.

Dessin à la plume et encre.

19 — Saint Michel terrassant Satan.

Plume et sépia, beau dessin.

20 — Homme marchant.

Plume.
Vente Andreossy.

21 — Figures allégoriques.

Sépia rehaussée de blanc.

22 — Triptyque.

Beau dessin.

23 — Mariage de la Vierge.

Sanguine.

24 — Homme au repos.

Crayon noir.

25 — Martyr.

Encre et sépia.

26 — Ange jouant du violon.

Sanguine.

27 — Tête de Femme.

Sanguine.

28 — Deux Pèlerins.

Dessin à la plume.

29 — Saint dans le désert.

Dessin bistré à la plume.

## ANONYMES

30 — Vierge.

Dessin à la plume.

31 — Ange avec une échelle.

Dessin décoratif, plume.

32 — Etude de Vierge.

Dessin bistré à la plume.

33 — Groupe de trois personnages.

Crayon noir.

34 — Exaltation de la Vierge.

Plume et sépia.

35 — Mariage de la Vierge.

Plume, rehaussé de blanc

36 — David et Goliath.

Beau dessin.

37 — Tête de Femme.

Sanguine.

38 — Personnages.

Crayon et sépia.

39 — La Scène.

Plume et crayon.

40 — Sainte Famille.

Crayon rehaussé de blanc.

41 — Etudes.

Plume et sépia.

## ANONYMES

42 — Personnage portant un plat.

Plume et bistre.

43 — Assomption de la Vierge.

Plume et encre de Chine.

44 — Amours.

Dessin à la plume.

## ALBANE

45 — Christ en Croix.

## BACHELIN

46 — Gymnastes au repos.

Dessin à la plume.

Deux dessins.

## BANDINELLI

47 — Étude d'Homme nu.

Dessin à la plume.

## BASSAN (Jacques da Ponti, dit)

48 — Figure de Christ, vu de profil.

## BAUMGARTNER

49 — Figures et Ornements.

Encre de Chine, rehaussé de blanc.

## BÉGA

50 — Laveuse.

Crayon noir.

## BÉGA

51 — Femme.

Crayon noir.

## BELLA (Stefanus della)

52 — Musicien avec une ville en perspective.

Beau dessin à la plume.

## BENOUVILLE (A.-J.)

53 — Femme sauvant Moïse des eaux.

Dessin à la plume.

54 — Étude de Bras.

## BENVENUTO CELLINI

55 — Très belles Études de Femmes et d'Ornements.

Dessin à la plume.

## BERGHEM (Nicolas)

56 — Homme agenouillé.

Crayon noir et rouge.

## BERTALL (Albert, Comte d'Arnoux)

57 — Un Gaulois.

Beau dessin à la mine de plomb.

## BLOEMEN (Van)

58 — Deux Chevaux.

Dessin teinté en bleu et à la plume.

Collection V. W.

## BOILLY

59 — Beau Portrait de Femme.

Au crayon noir.

## BOISSIEU (J.-J. De)

60 — Jeune Laveuse.

Dessin à l'encre de Chine.

Très beau.

## BOUCHARDON

61 — Ecusson avec supports.

Dessin au crayon rouge.

## BOUCHER (Attribué à)

62 — Jeune Bergère endormie, légèrement vêtue, gardée par son chien.

Sanguine.

## BOULOGNE (Louis de)

63 — Nayades et Tritons.

Dessin à la plume.

Collection Despéret.

## BOURDON (Sébastien)

64 — Sainte Famille.

Dessin à la plume.

## BRANDHOF

65 — Intérieur.

Dessin à la plume et à la sépia.

BRAUWER (Adrien)

66 — Fumeurs.

Beau dessin au crayon noir.

BUONAROTTI (Michel-Ange)

67 — Deux Écorchés.

Étude à la plume.

68 — Étude d'Homme.

A la plume.

CALDARA (De)

(1495-1543)

69 — Enlèvement des Sabines.

Composition avec ornements.

CALLOT (Jacques)

70 — Mendiant.

Dessin à la pierre rouge.

CANGIAGE

71 — Quatre très beaux Dessins à la plume.

CANO (Alonzo)

72 — Ange protégeant deux personnages.

Beau dessin coloré en bleu à la plume.

CARRÉ

73 — Troupeau de Bœufs.

Dessin au crayon.

## CASANOVA (François)

74 — Moutons.

Dessin sanguine.

75 — Allégories.

Sanguine.

76 — Figures, Paysages, Animaux.

Dessin à la sépia.

## CHARDIN (Jean-Baptiste-François)

77 — Tête d'Homme.

A la sanguine.

78 — Intérieur.

Au crayon noir et à la sépia.

## CLERC (Georges)

79 — Garçon boucher.

Dessin à la plume.

## COROT

80 — Très beau Paysage.

Fusain.

81 — Etude de Fontaine avec figure.

Fusain.

## CRESPI

82 — Satyre.

Dessin pierre rouge.

## CARAVAGE (Polidore de)

83 — Sainte Famille.

Crayon noir.

CUYP (A.)

84 — Cavaliers.

DAVID (Louis)

85 — Études pour un Tableau.

DAUBIGNY

86 — Beau Paysage.

Au crayon noir.

DECAMPS

87 — Lot d'Études.

Au crayon noir.

DELACROIX (Eugène)

88 — Hôpital militaire.

D'après une composition de Géricault.
Plume et sépia.
Collection Villot.

89 — Épisode de Lucie de Lamermoor.

Aquarelle.
Collection Villot.

DEMARNE

90 — Paysage.

DESFRICHES

91 — Vue d'une ville de France, Animaux et Figures.

DESPORTES (Alex.-François)

(1730)

92 — Chien en arrêt.

Crayon.

## DIÉTRICH

93 — Don Quichotte à cheval, la Folie est assise sur un nuage.

Beau dessin à la sépia.

94 — Plusieurs autres Dessins du Maître : Animaux, Paysage.

## DIZIANI (Gasparo)

95 — Christ en croix entouré de Saints.

Dessin en bistre.

## DOMINIQUIN

96 — Plusieurs très beaux Dessins.

## DOOMER

97 — Paysage.

Dessin à la plume et sépia.

## DROLLING

98 — Tête d'Homme.

A la mine de plomb.

## DROOGSLOOT (Joseph-Corneille)

99 — Retour d'une Kermesse.

## DUJARDIN-KAREL

99 *bis* — Homme couché.

Dessin au crayon noir et blanc.

## DUPLESSIS-BERTAUX

100 — Robespierre.

Dessin à la sanguine.

DURER (Albert)?

101 — Études de Femme et de Draperies.

DUSART (Corneille)

102 — Croquis de Figures.

Pierre noire.

DYCK (Antonine Van)?

103 — Homme et Femme.

Portrait à la mine de plomb.

ÉCOLE ALLEMANDE

104-105 — Sous ce titre seront vendus deux lots de vingt Dessins.

ÉCOLE ESPAGNOLE

106 — Sous ce titre sera vendu un lot de vingt Dessins.

ÉCOLE FRANÇAISE

107-108 — Sous ce titre seront vendus deux lots de vingt Dessins.

ÉCOLE FLAMANDE

109-114 — Sous ce titre seront vendus cinq lots de vingt Dessins.

ÉCOLE HOLLANDAISE

115-117 — Sous ce titre seront vendus trois lots de vingt Dessins.

ÉCOLE ITALIENNE

118-132 — Sous ce titre seront vendus quinze lots de vingt Dessins.

## ÉCOLE MODERNE

133-140 — **Riou**, **Court**, etc. Sous ce titre seront vendus plusieurs Dessins qui pourront être divisés en lots.

### FLERS (C.)

141 — Paysage.

Aquarelle.

### FONTANA (DOMINIQUE)

142 — Fontaine.

Dessin à la plume.
Collection de LAGOY.

### FRACACINO

143 — La Circoncision.

Dessin à la sépia, sanguine rehaussée de blanc.

### FRAGONARD

144 — Jeunes Femmes au bain, Paysage et Figures.

Signé FRAGO.
Crayon et sépia.

145 — Portrait d'Hubert Robert.

Sanguine.

### FRANC

146 — Adoration des Mages.

Papier blanc. Dessin à la plume.

### FROMENTIN (EUG.)

147 — Arabe.

Mine de plomb.

148 — Étude de Cheval.

Mine de plomb.

GELLÉE (Claude-Lorrain)

149 — Paysage.

GERVEX

150 — Autopsie à l'Hôtel-Dieu.

Plume.
Vente Monet.

GILLOT (Claude)

151 — Danses.

Mine de plomb.

GIRODET

152 — Tête de Collin.

Beau dessin au crayon noir.

GLAUBER
(1724)

153 — Paysage

A la plume.

GOLTZIUS

155 — Concert céleste.

Dessin à la plume.

156 — Plusieurs Dessins de ce Maître.

GUARDI (François)

157 — Canal avec Maison de plaisance.

Plume et lavis.
Vente Denon.

GUERCHIN

158 — Jupiter.

Sanguine.

## GUERCHIN

159 — Deux Paysages.

A la plume.

## GUIDO RENI

160 — Mise au Tombeau.

Plume et sépia.

## HORST (Van der)

161 — Très intéressante tête de Femme.

Portrait au crayon.

## HUBERT-ROBERT

162 — Mulet à l'abreuvoir, Intérieur de ferme avec remise.

Dessin aquarelle.

163 — Vue du Colysée, de l'Arc de Constantin, etc. (1763)

Sanguine.

## KANTZ (Georges)

164 — Composition pour la suite de la Passion.

## KLOPPER
(1711)

165 — Portrait de grand Seigneur assis près de la mer.

Sanguine.

## JOHANNOT (Tony)

166 — Croquis.

Mine de plomb.

JORDAENS (Jacques)

167 — Musique et Chant.

Jolie composition avec figures.
Dessin mine de plomb rehaussé de blanc.
Vente Guichardot.

JOUVENET

168 — Anges.

Dessin sanguine.

JOYANT

169 — Beau lot de Dessins d'architecture.

Mine de plomb.

LACROIX (Jules)

170 — Vues des Côtes de France.

Aquarelle.

LAFAGE

171 — Lutte de Diables.

Dessin à la plume.

172 — Hydres et Anges.

Sépia.

LAMBRECHT (Justin)

173 — Etude de Vierge pour un plafond.

Plume et lavis.

LANCRET (Nicolas)

174 — Quatre Personnages.

Crayon noir et rouge.

## LAVATER

175 — Plusieurs Têtes d'étude.

A la mine de plomb.

## LEBRUN (Madame VIGÉE)

176 — Portrait de Femme.

Crayon noir.

## LE BRUN

177 — Vœu de Louis XIII.

Dessin à la plume, au crayon et à la sépia.
Très beau.
Vente FLURY-HÉRARD.

## LECLERC (SÉBASTIEN)

178 — Députation.

Dessin blanc et noir.

## LEFEBVRE (JULES)

179 — Jeune Femme couchée.

Étude de son tableau.
Vente REISET.
Mine de plomb.

## LEMOINE (FRANÇOIS)
## (1666-1737)

180 — Sujet Allégorique.

Sépia.

## LÉPICIÉ (NICOLAS-BERNARD)

181 — Jeune Femme assise vue de profil.

Très beau dessin à la pierre noire.

## LE SUEUR

182 — Le Christ et la Madeleine.

Crayon noir et sépia.

183 — Personnages.

Sanguine.
Vente DESPERET.

184 — Saint déchirant un livre.

Encre de Chine.

## MANTÉGNA

185 — Composition pour bas-relief.

## MARÉCHAL
(1784)

186 — Une Porte de Paris.

Sépia.

## MARATTI (CARLO)

187 — Étude de Femme.

Sanguine.

188 — Saints.

Sépia.

## MASSARD

189 — Convention après la bataille de Marengo.

Très belle mine de plomb.

## MASUCCI

190 — Ecorché.

Crayon noir.

## MAZZUOLI (F.)

191 — Communion.

Plume et sépia.

## MERINO

192 — Scène espagnole.

## MIGNARD

193 — Etude d'Enfants.

Plume et crayon rouge.

## MOLA (J.-B.)

194 — Baptême du Christ.

Belle sanguine.
Vente Fleury-Hérard.

## MONNIER (Henri)

195 — La Famille Prud'homme : Monsieur, Madame et Mademoiselle.

Superbe sépia.
Vente Malespine.

## MURILLO

196 — Annonciation et Portraits des donateurs.

Plume et sépia.

## NICOLE (S.-V.)

197 — Atelier de Sculpture.

Plume et lavis.

NOVELLI (Piétro)

198 — Diane.

Dessin à la plume.

OSTADE (Attribué)

199 — Scène d'intérieur.

Bistre

OSTADE (Adrien Van)

200 — Intérieur de Ferme.

OUDRY (Jean-Baptiste)

201 — Draperies sur un fauteuil.

Pierre noire rehaussée de blanc.

202 — Biche attachée par les pieds.

Pierre noire.

PALAMÈDES

203 — Soldats assis, celui du milieu semble être Cromwel.

Très beau dessin au crayon noir.

PARMESAN (Francesco-Mazzuoli, dit le)

204 — Adoration des Mages.

Dessin à la sanguine.

205 — Vierge et l'Enfant Jésus.

Beau dessin sortant de plusieurs collections.

PARROCEL

206 — Portrait de Femme.

Dessin sanguine.

## PARROCEL

207 — Jeune Liseur.

Dessin sanguine.

## PASINELLI (Lorenzo)

208 — Étude d'Homme.

Plume et sépia.

## PELOUSE (Léon)

209 — Pont de Suresnes pendant la guerre.

Mine de plomb.

## PERUGIN (École du)

210 — Belle composition : La Vierge, Saint Roch et Saint Sébastien.

Plume et bistre.
Vente Andréossy.

## PILLEMENT

211 — Plafond : Allégorie.

Beau dessin.

212 — Étude d'Homme.

A la sépia et à la plume.

## PIPPI (Jules, dit Jules-Romain)

213 — Centaure.

Dessin teinté bistre et plume.

214 — Centaure.

Bistre et plume.

215 — Chevaux et Guerriers.

Bistre et plume.

POLYDOR

216 — L'Armée.

Dessin à la plume.

POTTER (Paul)

217 — Chevaux.

Sanguine.

218 — Cheval (Étude).

Sanguine.

POUSSIN (Nicolas)

219 — Beau Paysage.

Plume et sépia.

PUGET (Pierre)

220 — Étude d'Homme.

Très beau dessin, des deux côtés, à la plume.

RAFFET

221 — Soldats de la Première République traversant une rivière.

Très belle aquarelle signée

RIBERA

222 — Saint André.

Beau dessin à la plume.

RICCI (Sébastien)

(1659-1734)

223 — Allégorie.

Encre de Chine.

RICCIO

224 — Circoncision.

Plume et sépia.

RIGAUD (Hyacinthe)

225 — Sentinelle.

Beau dessin crayon noir.

REDELMEYER

226 — Scène décorative.

Plume et encre.

ROMANELLI

227 — Saint Pierre faisant un miracle.

Dessin à la sépia.
Vente Bambini.

ROUSSEAU (Philippe)

228 — Belle nature morte : Le Cellier, de Chardin.

Mine de plomb.

ROSSO (Le)

229 — Jupiter faisant un nuage pour en faire de la pluie.

Crayon et sanguine.
Très beau dessin.

RUBENS (Attribué à P.-P.)

230 — Exaltation d'un Saint.

Très beau dessin à la sépia.

231 — Samson et Dalila.

Beau dessin.

## RUGENDAS

(1700)

233 — Études d'Hommes.

Crayon noir.

## SALVATOR ROSA

234 — Soldat debout.

Très beau dessin à la plume, lavé de bistre.

235 — Groupe d'Hommes.

A la plume.

236 — Saint Martyr.

A la plume.

## SANZIO (Ecole de RAPHAEL)

237 — Judith et Holopherne.

Plume et sépia.

## SARTE (Attribué à ANDRÉ DEL)

238 — Sainte Famille.

Beau dessin au crayon noir rehaussé de blanc.

## SCHUETZ (C.)

239 — Ruines.

Plume et encre de Chine.

## SLINGELAND (VAN)

240 — Soldat au repos.

Très beau dessin, crayon noir.

## STRADANUS

241 — Sainte Famille.

Très beau dessin à la plume rehaussé de blanc.

## SUBLEYRAS

242 — Évêque.

Crayon blanc et noir.

## TERBURG (G.)

243 — Portrait de Bachem.

Très beau dessin.

244 — Tête d'Enfant.

Pierre noire.

## TESTA (Pietro)

255 — Dieu le Père.

Sépia et plume.

246 — Scène religieuse.

Sanguine.

## TIEPOLO (Jean-Baptiste)

247 — Femme agenouillée devant trois guerriers.

248 — Dieu le Père, Jésus-Christ et le Saint-Esprit.

Plume, dessin bistré.

## TIEPOLO (Jean-Dominique)

249 — Tête d'Homme.

Crayon noir et sanguine, très beau dessin provenant de la suite Villot.

TINTORETTO (Robusti, dit le)

250 — Flagellation.

Dessin teinté à la plume.

TOPFFER

251 — Croquis.

A la plume.

TROYON (C.)

252 — Études d'Animaux, Personnages, Figures.

Au crayon noir.

253 — Cinq Pièces.

Vente Troyon.

TROY (De)

254 — Groupe de Personnages.

Dessin à la plume et à la sépia, très beau. Signé.

ULFF (Van der)

255 — Le Triomphe.

Beau dessin.

VASARI

256 — Dessin de Décoration.

Plume, sépia.

VELDE (W. Van de)

257 — Marine.

A la plume sur panneau.

## VERDIER

258 — Homme drapé courant.

Sanguine.

## VERNET (JOSEPH)

259 — Mendiants.

Crayon noir.

260 — Estropiés.

Crayon noir.

## VERNET (CARLE)

261 — Incroyable.

Mine de plomb.

## VOS (MARTIN DE)

262 — Caïn, mort d'Abel.

Plume et sépia.
Signé, daté.

263 — Chute des mauvais anges.

Très beau dessin à la plume.
Signé, daté.

## WERF (ADRIEN VAN DER)

264 — La Dernière Heure.

Beau dessin en couleur.

## ZAIS

265 — Femmes et Animaux dans la campagne.

Dessin teinté à la plume.

266 — Paysages très beaux.

ZUCCHI (Jacques)

267 — Aaron et le Serpent.

Beau dessin.

ZUCCHERO (Frederic)

268 — Études d'Hommes.

A la plume.

269 — Enterrement d'un Évêque.

Très beau dessin lavé et sanguine.

ZAMPIERI

270 — Anges tenant une croix.

Sépia.

# ESTAMPE

POLLAIUOLO (Antoine)

(1433-1498)

271 — Les Gladiateurs.

Très belle et très rare épreuve.

Vente Gallichon.

*Cette estampe est extrêmement rare.*

# LIVRES D'ART

272 — **Armengaud** (M. J. G. D.). Les Galeries publiques de l'Europe, Rome, Italie. *Paris,* 1859. 3 tomes en 2 vol. in-4, demi-rel. maroq. rouge, dos et coins, têtes dor., non rog.

273 — **Art pour tous**, encyclopédie de l'art industriel et décoratif. *Paris, Morel,* 1861-1884, 22 vol. in-fol. demi-rel. chag. brun.

274 — **Caillat** (Victor). Hôtel de Ville de Paris, dessiné, mesuré et gravé, avec une Histoire de ce monument, par Le Roux de Lincy. *Paris,* 1844, in-fol. cart.

275 — **Caumont** (A. de). Abécédaire ou Rudiment d'Archéologie. *Caen, Le Blanc-Hardel,* 1867, 3 vol. in-8, portr. et fig. demi-rel. chag. brun, non rog.

276 — **Description de l'Egypte** ou Recueil des observations et des recherches qui ont été faites en Égypte pendant l'expédition de l'Armée française. *Paris, Imp. Imp.,* 1809-1813, 12 tomes en 11 vol. in-fol. demi-rel. chag. rouge.

277 — **Ferrario** (Guilio). Il Costume antico e moderno o storia del governo, della milizia, della religione, delle arti, scienze ed usanze di tutti i popoli antichi e moderni. *Milano,* 1816, 22 vol. in-4, nombr. fig. coloriées, demi-rel. chag. brun.

Livre rare, il est ainsi composé : Europe 6 tomes en 10 vol. Asie, 4 vol. Afrique, 22 vol. Amérique, 2 vol. — Suppléments, 3 vol. Indice général, 1 vol.

278 — **Gazette des Beaux-Arts**, Courrier européen de l'art et de la curiosité. 1re et 2e séries. *Paris*, 1859-1884, 58 vol. gr. in-8, dont 46 vol. et 2 vol. de tables de 1859 à 1868, demi-rel. chag. rouge, dos et coins, têtes dor. non rog., et 10 vol. br.

279 — **Gazette archéologique**, recueil de monuments, pour servir à la connaissance et à l'histoire de l'art antique; par J. de Witte et François Lenormant. *Paris, Lévy*, 1875-1880, 6 vol. in-4, demi-rel. chag. brun.

On a ajouté à l'exemplaire, les livraisons 1 à 4, 1883.

280 — **Kellerhoven**. La Légende de Sainte Ursule, princesse britannique, et de ses onze mille vierges, d'après les tableaux de l'église Sainte-Ursule, à Cologne. *Paris*, S. d., in-4, fig. en or et en couleur, demi-rel. maroq. vert dos et coins, tête dor. non rog.

281 — **Labarte** (Jules). Histoire des Arts industriels au Moyen Age et à l'époque de la Renaissance. *Paris, Morel*, 1864, 4 vol. gr. in-8 et 2 atlas in-4, contenant 150 pl. en or et en couleur. Ens. 6 vol. demi-rel. maroq. bleu, dos et coins, têtes dor., non rog.

282 — **Lechevallier-Chevignard**. Costumes historiques des XVIe, XVIIe et XVIIIe siècles. *Paris, Lévy*, 1867, 2 vol. in-4, fig. color. cart. non rog.

283 — **Malte-Brun**. Géographie universelle. *Paris*, 1856, 8 vol. gr. in-8, br.

284 — **Mémoires** inédits sur la vie et les ouvrages des membres de l'Académie royale de peinture et de sculpture. *Paris, Dumoulin*, 1854, 2 vol. in-8, br.

285 — **Mercuri** (Paul). Costumes historiques des XII$^e$, XIII$^e$, XIV et XV$^e$ siècles, tirés des monuments les plus authentiques de peinture et de sculpture. *Paris, Lévy*. 1860, 2 vol. in-4. 200 pl. color., cart. non rog.

286 — **Moyen Age** (Le) et la Renaissance. Histoire et description des mœurs et usages du commerce et de l'industrie, des sciences, des arts, des littératures et des beaux-arts, par MM. Paul Lacroix et Ferdinand Seré. *Paris*, 1848, 5 vol. in-4, nomb. fig. en or et en couleur, demi-rel. maroq. brun, dos et coins, têtes dor., non rog.

287 — **Paris à travers les âges**. Aspects successifs des monuments et quartiers historiques de Paris depuis le XIII$^e$ siècle jusqu'à nos jours, restitués par M. F. Hoffbauer, architecte. *Paris, Didot*, 1875, livr. 1 à 12.

288 — **Racinet**. Le Costume historique; cinq cents planches, trois cents en couleur, or et argent, deux cents en camaïeu. *Paris, Didot*, S. d., 20 livr. in-fol.

289 — **Racinet** (M.-A.). L'Ornement polychrome; cent planches en couleur, or et argent. *Paris, F. Didot*, S. d., in-fol, demi-rel., maroq. rouge, dos et coins, tr. dor.

290— **Raguenet.** Matériaux et Documents d'architecture, classés par ordre alphabétique. *Paris, Ducher*, 1872, 2 vol. in-4, demi-rel. chag. rouge.

291 — **Tour du monde** (Le). Nouveau journal des voyages publié sous la direction de M. Edouard Charton. *Paris, Hachette*, 1860-1884, 48 vol. in-4, cart. toile.

Les six derniers volumes sont brochés.

292 — **Viollet-le-Duc**. Dictionnaire raisonné de l'architecture française du XI^e au XV^e siècle. *Paris, Morel,* 1867-1868, 10 vol. gr. in-8, nomb. fig. demi-rel. chag. brun, têtes dor., non rog.

293 — **Viollet-le-Duc**. Dictionnaire raisonné du Mobilier français de l'époque Carlovingienne à la Renaissance. *Paris, Morel,* 1868-1875, 6 vol. gr. in-8, nomb. fig., demi-rel. chagr. brun, têtes dor. non rog.

IMPRIMERIE A. MAULDE ET Cie
*Rue de Rivoli, 144 — Paris*